がくふ(おんがくの ほん)には つぎのような きまりが あるよ。
きになる ところから よんでみてね。

ブルー・アイランド先生の がくふのほん

もくじ

- まえがき〜ブルー・アイランド先生の へや………2
- 音の たかさ〜5ほんの せん………8
- 音の なまえ〜ドレミで うたって みよう………10
- おんてい 〜音の たかさの ちがい………12
- へんかきごう〜もとの音の たかさを かえるしるし………14

- ご両親と先生へ　音名・音程について………16

- リズム〜音の きざみ………18
- 音の ながさ〜おんぷと きゅうふ………20
- ひょうし〜くりかえされる きょうじゃくの なみ………22

- ご両親と先生へ　拍子とリズムについて………24

とばしても いいですよ {
- おんかい〜音の ならびかたの きまり………26
- ちょうごう〜調の しるし………28
- おんかいの なまえ〜はじまる音で ふんいきが かわる………30
- ちょう〜きょくが おわるかんじ とは？………32
- ご両親と先生へ 音階と調について………34
- わおん〜3つの音の かさなり………36
- わおんの かんけい〜えらさの じゅんばん………38
- ご両親と先生へ 和音について………40
}

このあたりは すこし むずかしいよ。

- 音の つよさ………42
- はやさ………44
- ひょうじょう………46
- ひきかた・うたいかた………48
- ご両親と先生へ 音楽用語（楽語）について………50
- あとがき………52

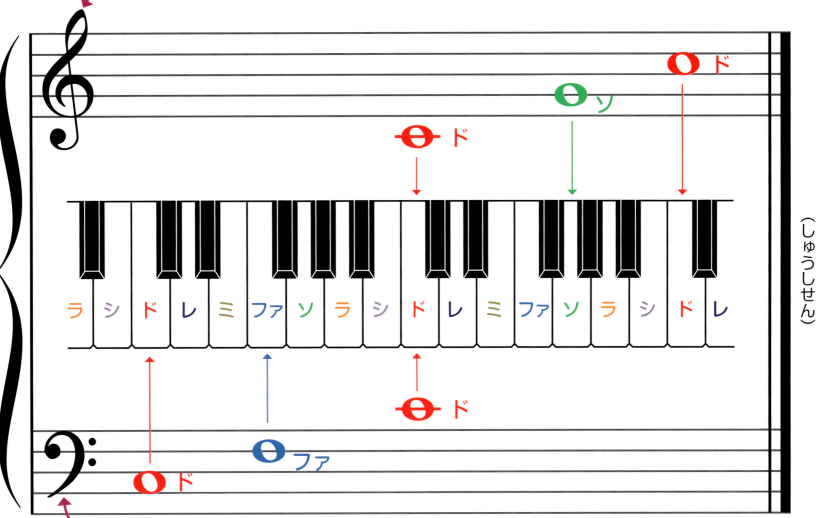

音の なまえ

ものに なまえが あるように 音の たかさにも なまえが あるよ。

だれが つけたの？

ドレミファソラシ

グイドの手

グイド・ダレッツォ
（やく1000年まえのイタリアの おぼうさん）

このひとです。

この ひとは とても えらくて 手に いろいろな おんがくの きごうが かかれて いたそうです。

むかしの がくふ

むかしの がくふ

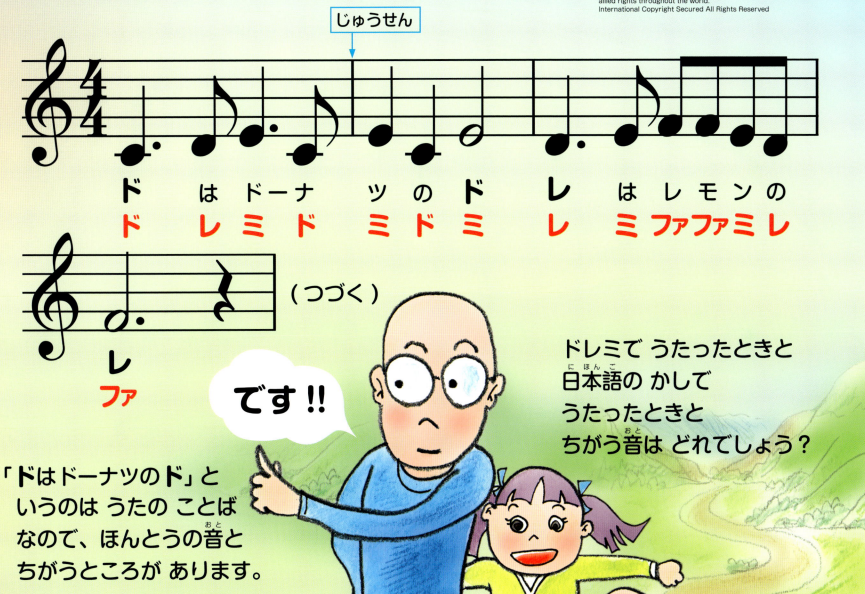

2つの 音を だした とき
たかさの ちがいが
かんじられる ことが あります。
それを **おんてい** といいます。
おんていは
ひろい、せまいと
いいあらわします。

おんてい
音程

音の たかさの
ちがいの ことです。

「おんていが わるい」というのは、ほんとうの たかさと
ちがう 音を だしている といういみです。

ひろい おんてい
（とおい）

せまい おんてい
（ちかい）

たかさが
ちがう
（おんてい という）

おなじ たかさ
「1ど」という

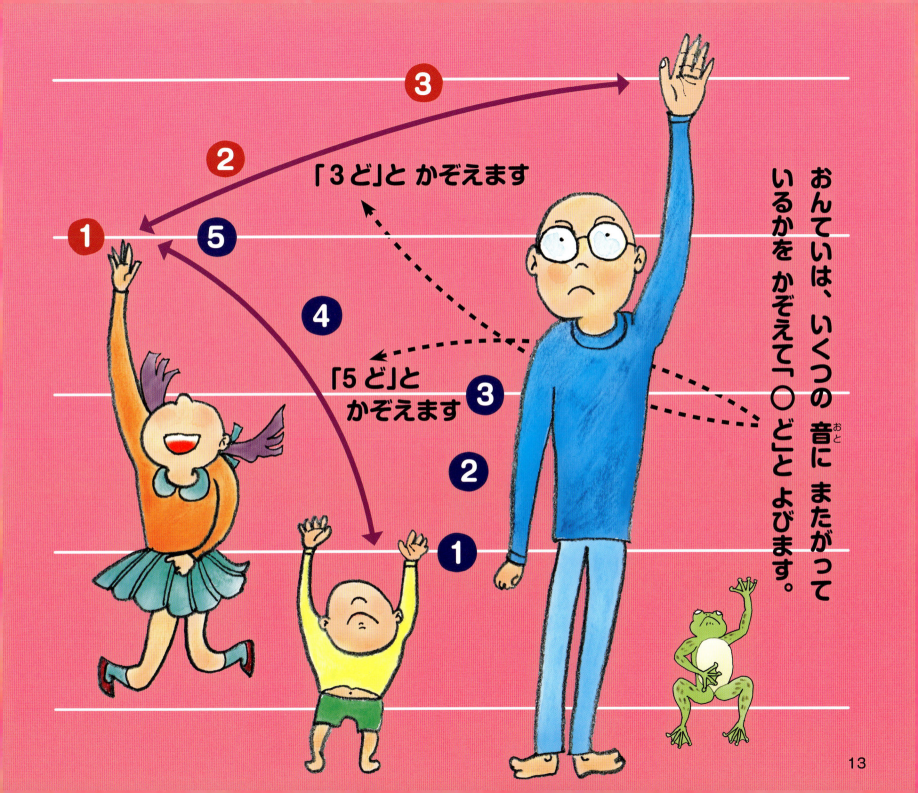

おなじなまえの 音でも ♯や♭が つくと はばが かわる

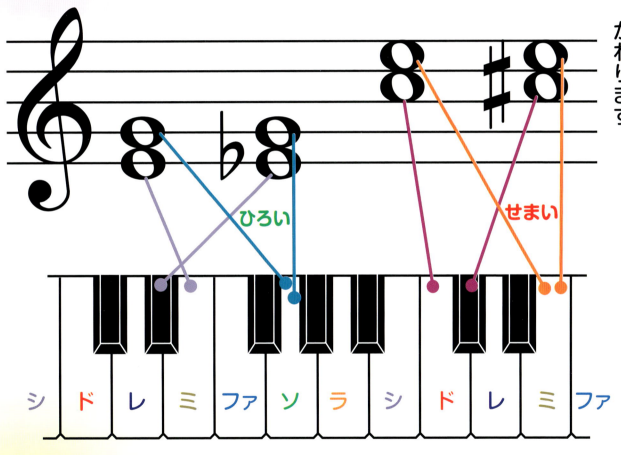

ミ
ソ ミ
ミ ド

はどちらも3どの おんていですが、へんかきごうによって けんばんの いちが かわります。

ひろい

せまい

けんばんを さわって たしかめましょう。

へんかきごうによって かわった音は、 つぎの じゅうせんまで かわった ままです。

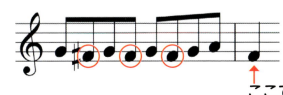

ここで もとのファに もどります。

ご両親と先生へ

五線

音の高さを記すには、**5本の線が**使われます。下から**第1線・第2線**……と数え、上にいくほど音は高くなりますが、まだこの段階では、どの線が何の音と決まったわけではありません。広い音域のためには、2つの五線を組み合わせた**大譜表**が用いられます。

音部記号

五線に𝄞や𝄢などの記号を付けることによって、正確な高さが決まります。𝄞は**ト音記号**（高音部記号）と言って**ソ**の音を、𝄢は**ヘ音記号**（低音部記号）と言って、それより低い**ファ**の音を示します。ほかにピアノの**中央のド**を示す𝄡**ハ音記号**もありますが、あまり使われません。小さい人には、まず**中央のド**の位置を楽譜や鍵盤などで教え、その後に**ソ**と**ファ**を教えるのがよいでしょう。

音名

国によっていろいろな呼び方がありますが、世界中に広まっているのは、歌い易い**イタリア式**の読み方（古くはラテン語）「ド・レ・ミ…」でしょう。明治時代に決められた日本式音名「ハ・ニ・ホ…」も、学校や放送ではよく使われます。その日本式のもととなったのは**ドイツ式**で、「C・D・E…」で表し、主に器楽や理論に用いられます。まず「ド・レ・ミ…」で歌えるようにし、それを日本式音名と対応させてください。なぜ「ハ長調」と言うのに「ド長調」と言わないのかという疑問には、「長調」という言葉が日本語で、「ド」はイタリア語だからと説明してあげましょう。

ポピュラー音楽の世界では、**英語**読みの「C・D・E…」が用いられます。「シ」の音にあたる文字だけがドイツ式と違いますが、これは小文字の b と h が似ているために起きた混同が、いまなお残っているのです。

イタリア式	Do	Re	Mi	Fa	Sol	La	Si*
日本式	ハ	ニ	ホ	ヘ	ト	イ	ロ
ドイツ式	C	D	E	F	G	A	H
英・米式	C	D	E	F	G	A	B

＊正式には、Si は「スィ」と読みます。

階名

音の読み方の1つとして、ある**音階の初めの音（1番目の音＝主音）**を「ド」と読む方法があり、これを**階名**と呼びますが、ハ長調（とイ短調）のときしか本来の音名とは合わないので、専門家は用いません。この階名で歌う階名唱法を、「ド」の位置が移動するので**移動ド唱法**、それに対して音名唱法を、どんな場合でも鍵盤の「ド」を「ド」と読むために**固定ド唱法**と呼びます。

（数字は音階の順序を表わす）

変化記号

　音には白い鍵盤だけでなく、黒い鍵盤の高さもあります。となり合った鍵盤の関係を**半音**と言いますが、半音だけ変化させるために、変化記号が用いられます。♯(嬰記号)は半音高め、♭(変記号)は半音低めます。♮(本位記号)は♯や♭の付いた音をもとの高さに戻す印です。ここで問題になるのは、「ミ」に♯が付くと実際の音は「ファ」になり、「ド」に♭が付くと「シ」と同じになってしまうことですが、この例はかなり進んでからでないと実際に出てこないので、この段階では無視していいでしょう。変化した音の読み方は、ドイツ語がもっぱら使われています。𝄪(ダブル・シャープ)や♭♭(ダブル・フラット)といった、半音２つ分上下させる記号も、出てくるときまで待ちましょう。

♯がついた音名

♭がついた音名

音程

　２つの音の高さの隔たりを**音程**と呼びます。まず初めに、歌ったり鍵盤に触れたりして、その幅が広いか狭いかを感じとり、次に、何の高さなのかを「ド・レ・ミ…」で歌い、何個の音にまたがっているかを数字で言えれば、小学校のうちは完璧でしょう。ただ、ピアノのレッスンなどで、先生がさらに詳しくおっしゃることも考えられるので、おうちの方は、次の図を見ながら説明してあげてください。

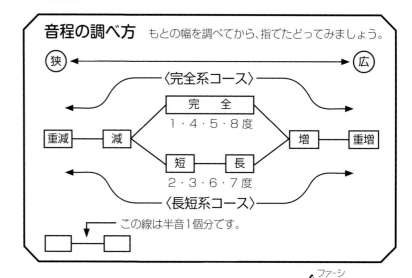

* 完全系の音程は、２つの音が白鍵だった場合、 のみが増４度で、他は完全４度。５度はシ-ファのみが減５度。

* 長・短系の音程は、２つの音が白鍵だった場合、 の半音が多く入っているほうが短音程で、少ないほうが長音程。

音は 左から右の じゅんじょで うごきます。　⟶

リズム
音の きざみ

リズム という ことばで あらわします。

じかんが すすむ なかで 音が どのように かわって いくかを

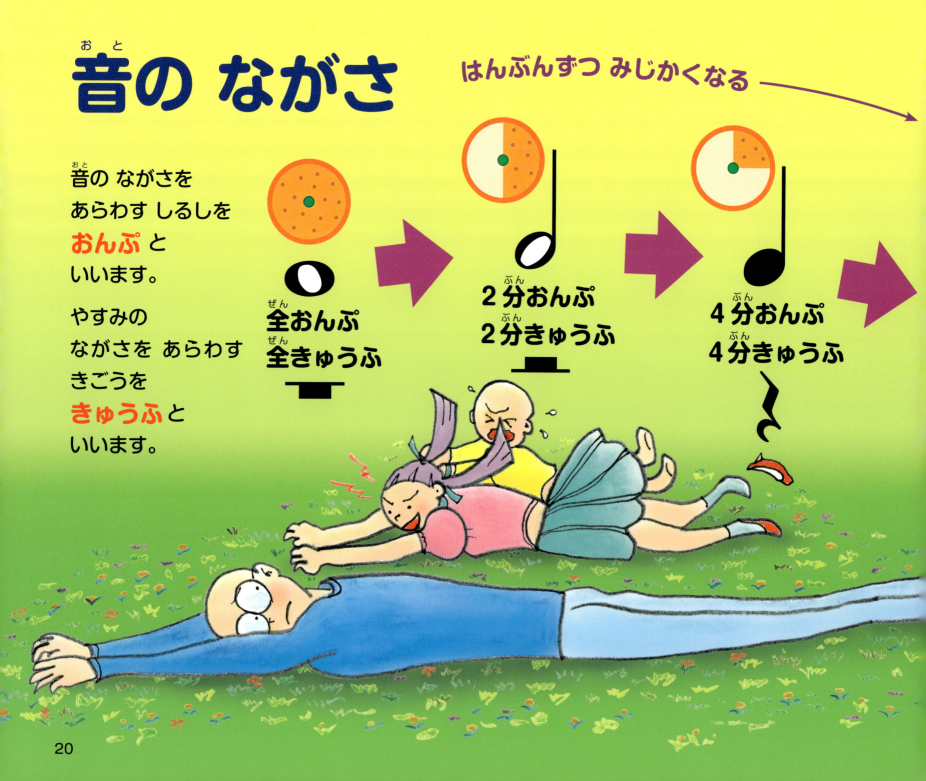

音には それぞれの ながさが あります。
それを おたがいの かんけいで あらわして みましょう。

ふてんは もとの はんぶんが くっつきます。

8分おんぷ
8分きゅうふ

16分おんぷ
16分きゅうふ

ふてん2分おんぷ

ふてん4分おんぷ

では もんだい!!

♩ + ♩ = ☐

♩ + ♩ + ♩ = ☐

♩. + ♪ = ☐

ふてんの かわりに タイで むすんでも おなじ ながさに なります。

→ こたえは 55ページ

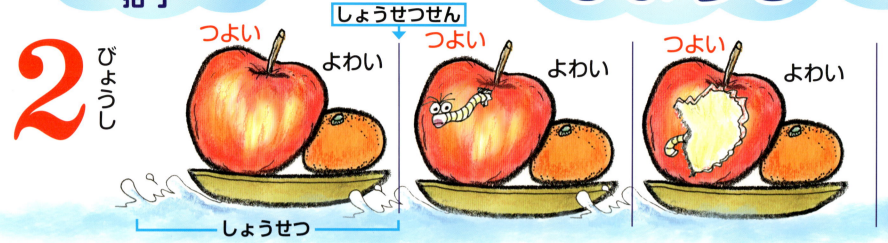

ひょうし

くりかえされる きょうじゃくの なみを ひょうし といいます。
（強・弱）

2つを くりかえす
（4ぶんの2びょうし）

おせんべ（日本のわらべうた）
おせんべやけたかな

3つを くりかえす
（4ぶんの3びょうし）

れんしゅうきょく（バイエルさっきょく）

4つを くりかえす
（4ぶんの4びょうし）

むすんで ひらいて（ルソーげんきょく）
むすーんで ひらいーて をーうって むーすんで

ご両親と先生へ

リズム・拍・拍子

　音楽は、音の長さの連なり方も重要です。その「長さ」、つまり時間に関する言葉について説明しましょう。

　リズムとは、時間のなかで音の長さがどのように変化していくかという様子のことです。先の予測はつきません。

　拍は、リズムを捕えるために、一定時間ごとに入れる刻みのことです。

　拍子は、さらにリズムを捕えやすくするために、何拍かごとに1回の強点を決めて、音楽を安心して聴くことができるようにする人工的な方法といえます。

拍子の種類

　まず、**2拍子・3拍子・4拍子**を理解させてください。歌ったり弾いたりしているときに、そばで手を打ったり、拍を数えたりしてあげればよいのです。次に、自分の手で拍を打ちながら歌えるようになれば上出来です。音楽を聴いたときに、何拍子かを当てさせるのもよいことです。

　いずれは**6拍子**の音楽にも出会うでしょうが、これは1小節を6拍にとるやり方よりも、**2つに大きくとる**ほうが、理にかなっています。そのときは「1 2 3 2 2 3」のように、1拍めと2拍めを強く唱えてください。

拍子の種類

	単純拍子		複合拍子 (1拍が3つに分かれている)
2拍子系	2/4	2/2 (¢)	6/8
3拍子系	3/4	3/8	3/2	9/8
4拍子系	4/4 (C)		12/8

音符

　音の長さを表わす記号で、**白っぽいほど長く、黒っぽいほど短く**なります。普通は偶数に分割されます。

　音符それ自体は「何秒」といった絶対的な長さを持ちません。ですから、ある曲の♩が別の曲の♪と同じ長さ、ということもあり得るのです。**付点音符についても、元の長さの1/2が加わる**のだということを教えてください。

　♩.は♩と♪と**タイ**で結んで表わすこともできます。なお、タイは弾き直しをしないことを確認させてください。

休符

　音が出ていない長さを示す記号です。全休符 ▬ と2分休符 ▬ の違いを、五線に付く場所と一緒に覚えましょう。

音符や休符の書き方

音符の棒は、第3線を境にして上下に付けかえます。第3線はどちら向きでも構いませんが、日本では下向きが多いようです。

♪の旗が、つながると♫のような鉤（こう）と呼ばれる形になることも、実際の楽譜を見て知っておきましょう。

リズムの書き方

これはとても難しいので、いずれは個人的にソルフェージュのレッスンで習ってください。1小節内で、その拍子の拍がはっきりと認められるように書くべきだ、ということを、楽譜をとおして感じていれば充分です。

変わったリズム

❶ **シンコペーション**……本来の拍とずれて発音されるリズムで、とくに強拍が打たれない場合に感じられます。

❷ **フェルマータ**（𝄐）……それが付けられた音（休）符で、拍の進行が停まるしるしです。結果として長くなることが多い。

❸ **弱起（アウフタクト）**……1拍目から始まらないリズムです。終わりの小節はその分短くなる場合が多く、また1拍目から始まる曲は「強起」のリズムと言います。

❹ **3連符**……1拍は普通2つに分かれますが、1拍を3つに等分することを言います。

となりあった 2つの 音には
せまい おんてい(半音) と、
ひろい おんてい(全音)
があります。

それが どこにあるか によって、
おんかいの かんじかたが
かわります。

半音と かいていない ところは
すべて 全音です。

短おんかい には
「トロイカ」
(ロシアの きょく)、
長おんかい には
「ちょうちょ」
(スペインの きょく)
などが ありますよ。

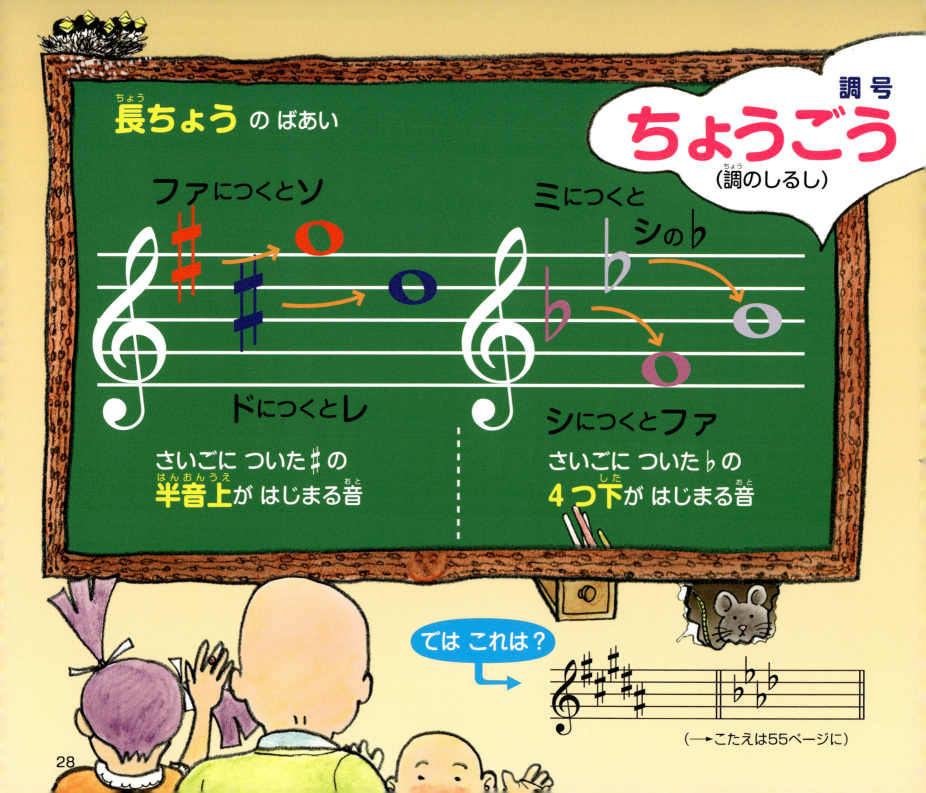

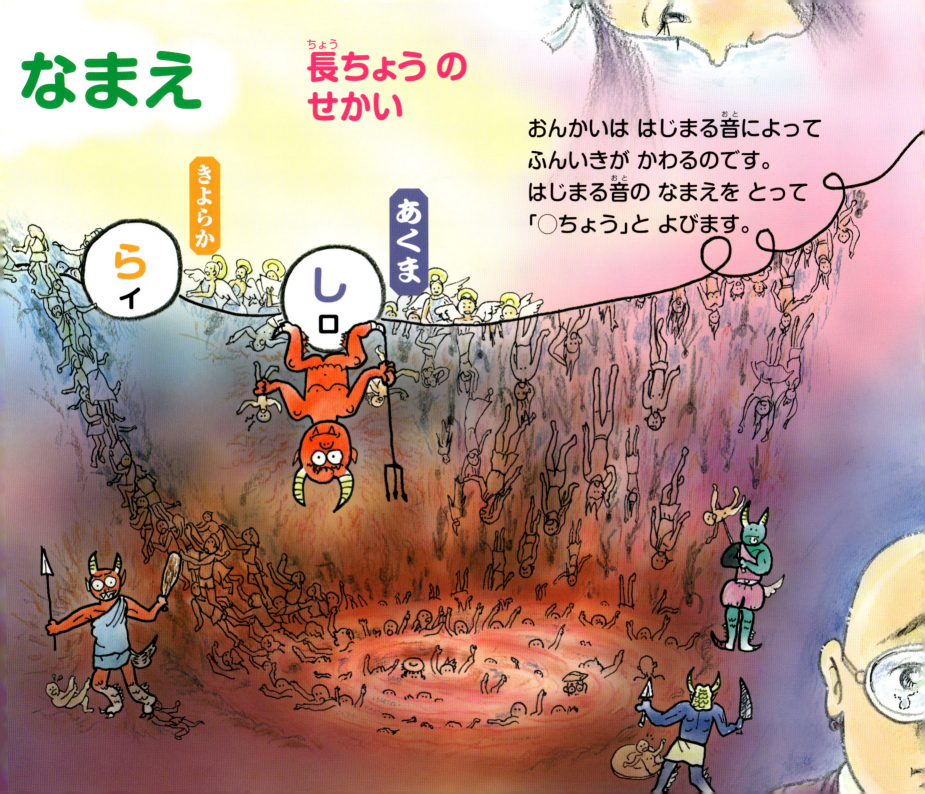

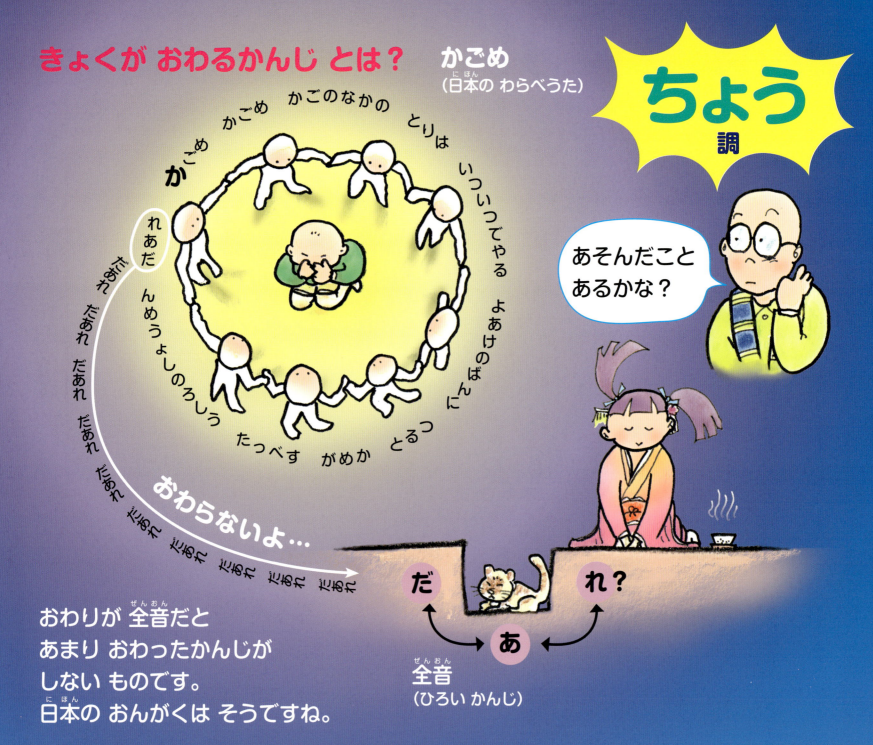

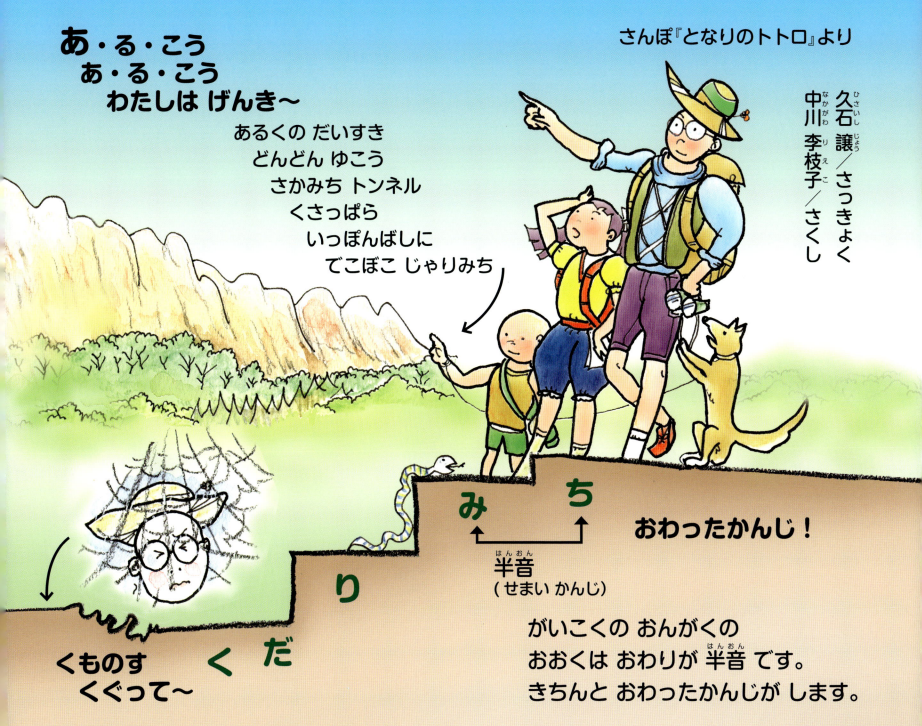

ご両親と先生へ

p.26からp.41までは、高度な内容なのでとばしてもかまいません。（ ⊕ はコーダマーク、次の同じ印までとぶ、という意味です。）

音階の種類

ある音を始まりの音（主音）として、1オクターブ（8度）上の同じ音まで、全音と半音の順番を定めて並べたものが音階です。西洋音楽で使われるのは次の2種類です。

長音階

楽しい・明るい感じの音の並び方です。第3-4、第7-1音の間が半音です。

短音階

悲しい・暗い感じの音の並び方で、3つの種類があります。第2-3、第5-6音が半音ですが、第7-1音の間が半音にならないと終わった感じがしないので、それを臨時に高める操作をします。（半音上がった第7音を導音とよびます）

下行形は"自然的短音階"に戻る

調号

ある音を主音と決めた音階のことを「調」と呼びます。

その音階で使われる音に付けられる変化記号を、一度にまとめて記してしまうと、一目でわかって便利です。これを**調号**と呼び、音部記号の次、拍子記号の前に書きます。小学生のうちは、調号を持たないハ長調・イ短調から始めて、♯は4つまで、♭は3つまでの調の名前を言えるようにしておいてください。

基本の調（調号なし）

♯系の調（長調は最後についた♯の半音上が主音になります）

（変ト長調と同じ）（変ホ短調と同じ）

♭系の調（短調は最後についた♭の完全4度下が主音）

（嬰ヘ長調と同じ）（嬰ニ短調と同じ）

調の相互関係

　調同士にも似た音が使われているものと、同じ音が少ないものとがあります。前者を**近親調**、後者を**遠隔調**と言います。

　近親調は4種類あり、同じ音を主音とする長調と短調（ハ長調とハ短調）を**同主調**、調号が同じ長調と短調（ト長調とホ短調）を**平行調**、その調の属音を主音とする5度上の調を**属調**、下属音を主音とする5度下の調を**下属調**と呼び、この2つは長調同士、短調同士となります。

移調と転調

　ある曲が高すぎたり低すぎたりして演奏できないとき、別の調に移し替えて音域をスライドさせる作業をすることがありますが、これを**移調**と言います。それに対して**転調**は、曲の途中で調が変わる現象を指します。ですから「この曲を移調してください」とは言えますが、「転調してください」とは言えません。

ベートーヴェン作曲《交響曲第9番》より第4楽章「歓喜の歌」

わおん
和音

3つの音の かさなりを わおん といいます。

音と音との ひろさに よって かんじが かわります。

たのしい わおん ♥
長3わおん

- せまい3ど
- ひろい3ど

かなしい わおん ♦
短3わおん

- ひろい3ど
- せまい3ど

ふくらむ わおん ♣
ぞう3わおん

- ひろい3ど
- ひろい3ど

おしつけた ような わおん ♠
げん3わおん

- せまい3ど
- せまい3ど

♥ ♦ ♣ ♠ は、つぎのページをみてね。

おんかいと わおん

◎ よく つかう　　○ つかう　　△ すこし つかう　　✕ つかわない

長ちょう

ハ長ちょう

I	II	III	IV	V V₇	VI	VII
T	S	S	S	D	T	

（主わおん）　　　（下ぞくわおん）（ぞくわおん）　　　（どうわおん とは いわない）

主おん　　　　　下ぞくおん　ぞくおん　　　　どうおん

短ちょう

イ短ちょう

I	II	III	IV	V V₇	VI	VII
T	S		S	D	T	

これは なにかな？　　つぎのページへ

わおんの かんけい
和音

トニック T は おうさま

ドミナント D は けらい

サブ・ドミナント S は けらいの けらい

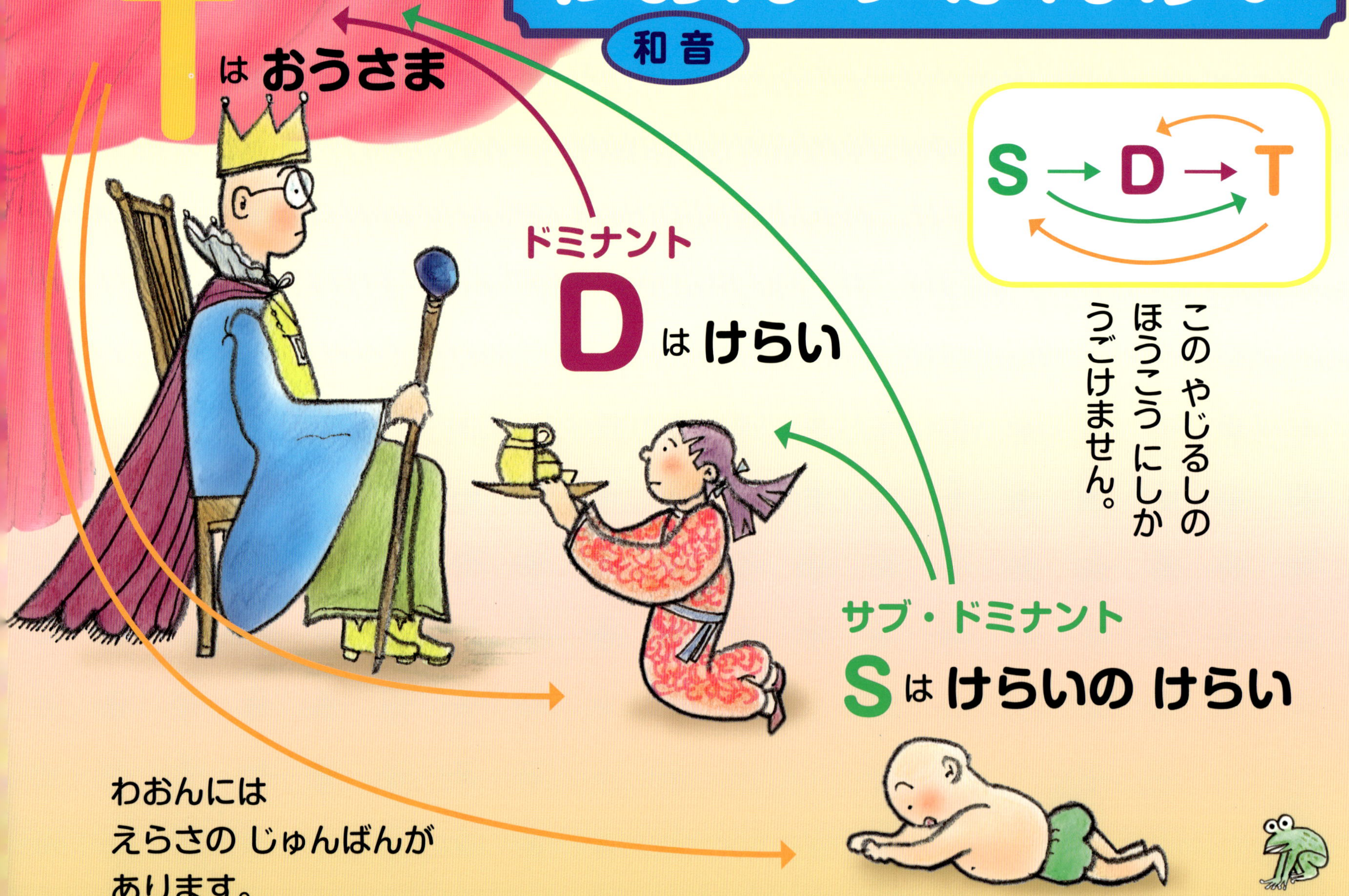

S → D → T

この やじるしの ほうこう にしか うごけません。

わおんには えらさの じゅんばんが あります。

……→ S → D → T → D → T → S → T → S → D → T → T → T → S → D → T ……→

38

では メロディの音を しらべて わおんの ばんそうを つけてみましょう。

ご両親と先生へ

和音とは

私たちはどうしても旋律(メロディ)に興味を奪われがちですが、そこにどんな響きの和音(ハーモニー)が使われているかにも注意を払うことが大切です。なぜなら、1つの旋律に幾通りもの和音付けが考えられ、それによって雰囲気がまるで変わってしまうからです。音の重なり方によって、無数の和音を作ることができますが、西洋音楽では、3度の音程のつみ重ねが基本です。

3和音

音が2つ重ねられた場合は**重音**と呼び、和音とは3つ以上の音の重なりをいいます。3つの音から成る**3和音**は4つの種類があり、それぞれ異なる性格を持ちます。

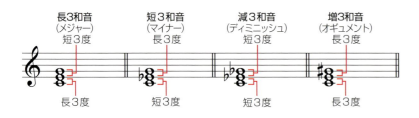

7の和音

4つの音が重なった和音を**7の和音**と呼びます。3和音より大人っぽい響きがします。中学生になるころまでに、**属7の和音**だけは知っておきましょう。

9の和音

古典派(18世紀)の音楽には**属9の和音**しか使われません。ベートーヴェンの曲を聴くときは話題に出るでしょう。

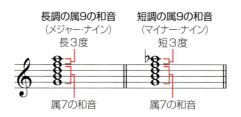

いずれの和音も、できればオルガンなど音が伸びる楽器で音を出して聴かせ、その印象を話し合うと、情操教育にもなります。

和音記号

　和音は、音階に用いられる音を使って作られているので、音の順序と同じように順番が付けられています。ローマ数字の大文字で記されることになっています。

　使われる頻度の高いものと低いものがあり、前者はⅠ・Ⅳ・Ⅴで**主要3和音**と呼ばれています。簡単な旋律なら、これだけで何とか伴奏付けが可能です。他を副3和音と呼びます。

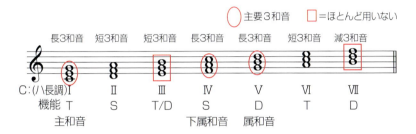

和音の性格

　ⅠからⅦまでの和音は、その調の中での役割が決まっています。正式なクラシック音楽では、和音の動きが定められているものです。その決まりを**機能和声**（和声とは和音のつながりを呼ぶ）と言い、これによって作曲された音楽は、聴いていて安心感があります。

- トニック（T）……始まり・終わりに必ず用いられる。
  ……ⅠとⅥ
- ドミナント（D）……次にトニックに移ろうとする要求を持つ。
  ……Ⅴ
- サブドミナント（S）……柔らかい感じで、ドミナントを準備することが多い。……ⅡとⅣ

コードネーム

　ポピュラー音楽では、Ⅰ・Ⅱ…などの和音記号の代わりに、音階の順番とは無関係に、その和音の一番下の音（根音）をアルファベットで記す習慣があります。これを**コードネーム**と言い、慣れれば一目見ただけで、とっさにその音を押えることができるようになります。ただしあまりに複雑な和音は記すことができません。ここでは単純な例を挙げます。

　ここまでのうちで、音階と和音について（本文p.26～39）は、やや進んだ学習内容になります。ピアノを習っているお子さんには、新しい曲に移るたびに、明るい感じか、暗い感じかをたずね、何調なのかを調号の下に書いてあげてください。

　また和音についても、旋律と伴奏がはっきりしている曲などで、どんな感じの和音なのかを聴きとらせてください。

　それに比べ、これ以降に出てくる強さ・速さ・表情などの言葉は、小さいうちから覚えやすいものです。なるべく早いうちに教えましょう。音楽の習得において、お家の方の援助はとても大切です。

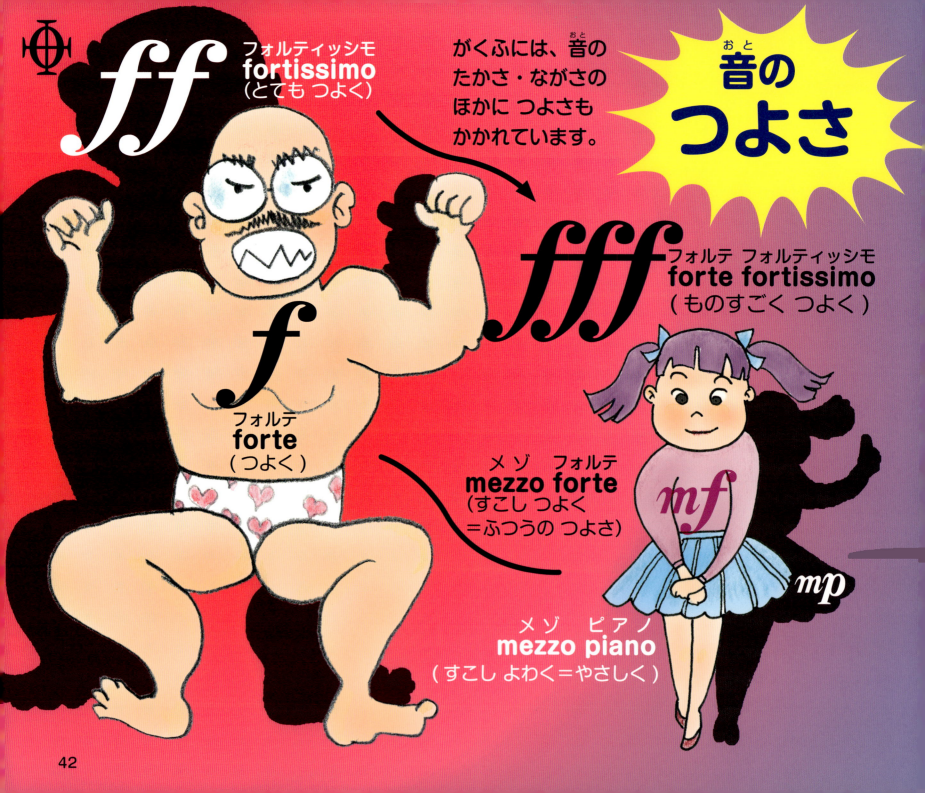

～～ここから また かんたんですよ！

つよさの へんか

だんだん つよく クレッシェンド crescendo(cresc.)

だんだん よわく ディミニュエンド diminuendo(dim.) デクレッシェンド decrescendo(decresc.)

つよさの とつぜんの へんか

とつぜん つよくする しるし
- *sf* スフォルツァンド
- *fz* フォルツァート
- ∧ ＞ アクセント（ ∧ のほうが するどい）

とつぜん よわくする
- sub. *p* スビト・ピアノ

つよいあとで すぐ よわくする
- *fp* フォルテピアノ

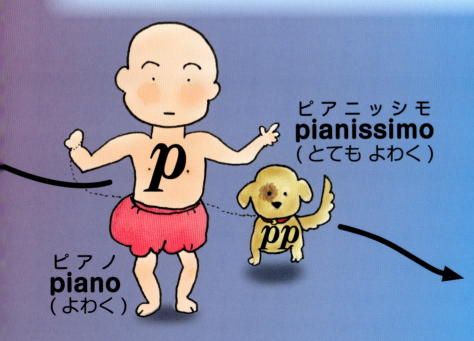

ピアノ piano （よわく）

ピアニッシモ pianissimo （とても よわく）

ピアノ ピアニッシモ piano pianissimo （ものすごく よわく） *ppp*

フォルテ *f* は ウナギに にていますね。

はやさ はやさ はやさ はやさ はやさ はやさ はやさ

メトロノームきごう

「メトロノーム」は ただしい はやさを しらせる きかいです。

♩ = 60 と かいて あれば、♩ が 1 ぷんかんに 60 かい はいる はやさ

つまり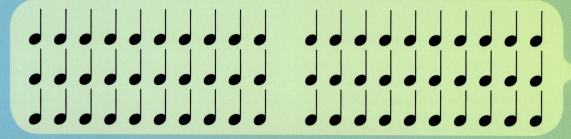

はやさを あらわす ことば

イタリアごを つかうと、なんとなく「かんじ」が つたわります。

レンティッシモ
Lentissimo
(とても ゆっくり)

レント
Lento
(ゆるやかに)

アダージョ
Adagio
(おそく)

アンダンテ
Andante
(あるく はやさで)

ラルゴ
Largo
(はばひろく)

ひょう
表

ジョコーゾ　コン ブリオ
giocoso = con brio
（うれしそうに）（いきいきと）

（かわいらしく）

ドルチェ
dolce
（やわらかく）

ラメントーゾ　ドレンテ
lamentoso = dolente
（かなしく）

トランクイーロ
tranquillo
（しずかに）

おんがくは えんそう するときの **きもち** が たいせつです。それは **ことば** でしか あらわせません。

セリオーゾ
serioso
（まじめに）

レリジオーゾ
religioso
（おいのりの きもちで）

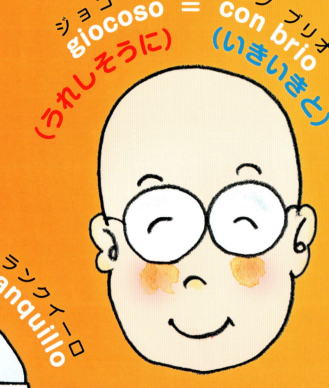

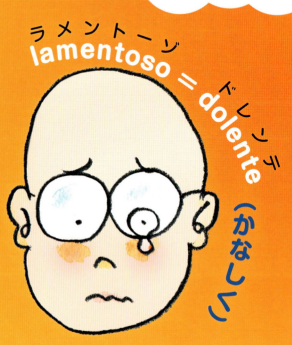

じょう
情

ミステリオーソ misterioso （あやしく）

アッパショナート appassionato （じょうねつてきに）

カンタービレ cantabile = カンタンド cantando （うたうように）

スケルツァンド scherzando （ふざけて）

エネルジコ energico （いきおいよく）

センプリーチェ semplice （かざらないで）

グランディオーソ grandioso
マエストーソ maestoso
（どうどうと）

どのくにの ことばで
かいても いいですが
むかしから **イタリアご** が
つかわれて きました。
がくふに かいてある ことばが
あるかどうか さがして みましょう。

ご両親と先生へ

音楽用語（楽語）について

　音の高さ、長さについては、楽譜上にほぼ正確に書き表わせるものですが、演奏する際の「情」に訴えるための速さ・強さ・表情・奏法などは、言葉でしか伝えられません。

　ヨーロッパで音楽の発祥の地と見なされたイタリアの言葉で書かれることが多い**楽語**は、楽譜上で出会うたびに、日本語の意味を書き込んでおくことを忘れないでください。まずは、強さの記号から覚えましょう。

強弱記号

　f と *p* が代表的ですが、*ff* になったからといって *f* の2倍の強さというわけではありません。また、演奏会場の広さによっても変わります。

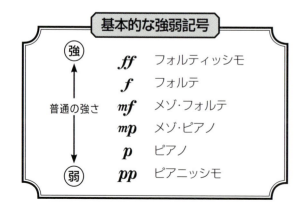

速度標語

　p.24に、♩の長さは何秒とは言えないと書きましたが、メトロノームという機械を使えば、それが可能です。しかし実際の音楽の速さは揺れ動いているものです。機械で測ってみた上で、それに頼らないで演奏しましょう。速度標語にイタリア語が使われる場合は、単に速さだけではなく、「気分」も表しています。

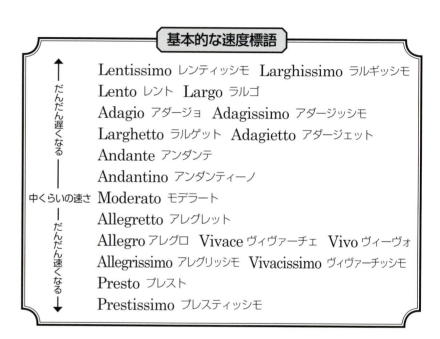

　以下は、本文でとりあげられなかった用語を挙げることにします。

速さの変化

ritenuto (riten.)　リテヌート　突然ゆっくり
meno mosso　メノ・モッソ　前よりゆっくり
più mosso　ピュー・モッソ　前よりはやく

速さと強さの一緒の変化

perdendosi　ペルデンドーズィ
morendo　モレンド　　　　　｝だんだんゆっくり＋弱く
calando　カランド

表情・発想標語

　演奏するに当たっての、作曲家の願いが込められています。標語は必ず発音してみましょう。

agitato　アジタート　せきこむように
amabile　アマービレ　愛らしく
animato (con anima)　アニマート(コン・アニマ)　生き生きと
brillante　ブリランテ　輝かしく
capriccioso　カプリッチョーゾ　気まぐれに
comodo (commodo)　コモド　気楽に、適宜に
dolente　ドレンテ　嘆くように、痛ましく
elegante　エレガンテ　優雅に
espressivo　エスプレッシーヴォ　表情豊かに
con fuoco　コン・フォーコ　火のように、熱烈に
grave　グラーヴェ　重々しく、荘重に
grazioso (con grazia)　グラツィオーゾ(コン・グラツィア)　優美に
leggiero　レッジェーロ　軽く、軽快に
marziale　マルツィアーレ　行進曲風に
con moto　コン・モート　動きをつけて
pastorale　パストラーレ　牧歌風に、のどかに
pesante　ペザンテ　重々しく
risoluto　リゾルート　決然と、きっぱりと
con sentimento　コン・センティメント　感情をこめて
spirituoso (con spirito)　スピリトゥオーゾ(コン・スピリト)
　生気をもって、元気に

奏法標語・記号

　どこで息を吸うのか、何を使って弾くのかなどを指示します。書かれていない場合は、みんなで相談して決めましょう。

すべての楽器に

arpeggio　アルペッジョ（ ）　分散和音のように
secco　セッコ　余韻を残さないで
glissando　グリッサンド　2音間の音をすべらせて
portamento　ポルタメント　音をずり上げて、またはずり下げて
alla　アラ　〜風に(例：alla turca＝トルコの軍楽隊のように、
　alla marcia＝行進曲のように)
armonico（harmonics）　アルモニコ(ハーモニクス)
　倍音(とても高く、弱い音)で

歌に

sotto voce　ソット・ヴォーチェ　やわらかな声で
mezza voce　メッツァ・ヴォーチェ　半分の声で
Humming　ハミング　口を閉じて歌う
Vocalise　ヴォカリーズ　母音で歌う
Scat　スキャット　意味のない詞で歌う

弦楽器に

arco　アルコ　弓を使って
pizzicato　ピッツィカート　弦を指ではじいて
con sordino　コン・ソルディーノ　弱音器を使って
senza sordino　センツァ・ソルディーノ　弱音器をはずして

装飾音符

長前打音　　　　　　　　　短前打音
トリル　　　　　　　　　　モルデント

大人のための あとがき

　だいたい、小学校に上がるくらいからのお子さんを想定して書いた絵本です。音楽の知識がまったくない方のために、楽譜の読み方を伝えることはとても難しいのですが、絵と、ほんの少しの字によって、その役目は半分ほど達成したと思っています。

　残りの半分とは、実際の音や楽譜で確かめることです。これは子どもさんだけではできませんから、必ずお家の方や先生が助けてあげてください。楽器で音を出すことはまだしも、小さい子どもには楽譜なんていらない、とおっしゃる方もいるでしょうが、楽譜は音楽の世界の文字でもあり、眺めているうちに必ず読めるようになるものです。そして楽譜は眺めるだけでなく、自分でそこに書き込むものだということを、教えてさし上げてくださいませんか？　そうすればその楽譜は、一生その人の宝物になるはずです！

　著者のブルー・アイランド（B）は長いこと、子どもさんとのおつき合いがありませんでしたが、近所に住む松島空さん（6歳）と丞助くん（6か月）と定期的にお会いするようになったので、この本の登場人物は、お2人がモデルとなっています。

　以前、ベストセラーになった「楽典」の本を編集してくださった彩原一乃さんの依頼で始めたこの仕事ですが、いつもながら、デザイン事務所クリエイティブ・ノアの斎藤肇さんとカトリーヌ・ルビンさんには多大なご協力をいただきました。

　そして登場人物の叔父さんにあたる松島ゆうやさんにも、電子機器が使えないBのサポートをしていただきました。

　この絵本の使い方に決まりはありません。とくにイメージだけの絵のページは、お家の方が自由に解釈して、お子さんたちの感性を引き出してほしいのです。子どものいないBの代わりに、ぜひよろしくお願いします。

2012年4月　青島 広志

参考のために
～この本を読んだあと、さらにレベルアップしたいみなさんへ

「楽典」を勉強したい方へ
- ■『楽典〜理論と実習』(音楽之友社)石桁真礼生ほか著
  楽典の教科書の定番。すでに45年以上ベストセラーの地位を保っている。和音と旋法についての言及がやや少ない。
- ■『やさしくわかる楽典』(日本実業出版社) 青島広志著
  本書と同じ編集者の提言によって書かれた入門書で、2005年刊行以来、20刷以上を数えるベストセラー。シニア世代の趣味のためにも最適。
- ■『究極の楽典〜最高の知識を得るために』(全音楽譜出版社) 青島広志著
  これまでの楽典書の弱点を克服するために書かれた。現在のところ最も詳しく、大学生の使用にも充分耐えうる内容。
- ■DVD『ブルー・アイランド氏の目と耳でわかる楽典』(スタジオ・オズ)
  出演:青島広志(解説・ピアノ・指揮)、熊田彩乃(ソプラノ)、岩井琢也(テノール)、竹内弦(ヴァイオリン)、本倉信平(チェロ)、松島ゆうや(ドラム)。本の解説だけてはわからない、という人のために、実際の音や演奏をとおして楽典を実体験できるように作られた。

「作曲」を勉強したい方へ
- ■『青島広志の作曲のススメ』(音楽之友社) 青島広志著
  童謡から芸術作品までの作曲法を実践的に説き明かす。豊富な譜例を眺めるのも楽しみ。同タイトルで実践用DVDも出ている。
- ■『45分でわかる！ 誰でもてきるやさしい作曲術』(マガジンハウス)
  青島広志著 「45分シリーズ」の1冊。最も実践的な作曲の指導書。インターネットでの発表法も紹介。

「音楽家」を目指そうと思った方へ
- ■『作曲家の発想術』(講談社現代新書) 青島広志著
  曲の構造や編成、音楽史まで読物感覚で楽しめる。最も一般的な音楽入門書。
- ■『音楽家をめざす人へ』(ちくまプリマー新書) 青島広志著
  どのように教育すれば、わが子を音楽家にできるか。才能の見極め方、かかる費用まで親切に説明する。小・中学生から読むことができる。

楽器に興味を持った方へ
- ■『あなたも弾ける！ ピアノ曲ガイド』(学習研究社) 青島広志著
  習い始めて3年間で弾くことのできる曲、全300曲を譜例入りで解説。ピアノ教師も必携！
- ■『音楽名曲絵画館〜ブルー・アイランド氏のピアノ名曲の旅』(ショパン) 青島広志著
  古今東西のピアノ名曲を大判のイメージ・イラストと文章で紹介する、弾いた気になってしまう本。
- ■『青島広志の楽器のおはなし〜しくみから雑学まで』(学習研究社) 青島広志著
  オーケストラの演奏会に行ったり、クラブ活動でブラスバンド部に入ったときのための本。《イソップ動物記》(青島広志作曲) CD付。

● p4〜5の楽譜は『ブルクミュラー25練習曲』より《バラード(物語)》

● 図版協力：『楽譜の歴史』(音楽之友社)皆川達夫著
p.10 下引用(ニューヨーク、スペイン協会蔵)。

21ページのこたえ
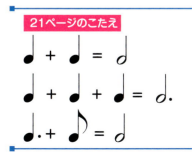

28ページのこたえ

ロ長調　　　変イ長調

29ページのこたえ

嬰ハ短調　　　変ロ短調

青島 広志 （あおしま ひろし）作曲家

　1955年生まれ。東京藝術大学および同大学院修士課程を首席で修了。修了作品のオペラ《黄金の国》（原作：遠藤周作）が同大学図書館に購入され、都民芸術フェスティバルで過去2回主催公演となる。ほか《火の鳥》（原作：手塚治虫）、《黒蜥蜴》（原作：三島由紀夫）、管弦楽曲《モチモチの木》《その後のピーターと狼》、ピアノ曲集《泰西名画集》、合唱曲《マザーグースの歌》、ミュージカル《11ぴきのネコ》など、その作品は200曲余りにおよぶ。

　ピアニスト・指揮者としての活動やコンサートやイベントのプロデュースも数多く、NHK「ゆかいなコンサート」の初代監督を務め、NHKラジオ「みんなのコーラス」「高校音楽講座」にレギュラー出演するほか、テレビ朝日「題名のない音楽会」アドバイザー、日本テレビ「世界一受けたい授業」、テレビ東京「たけしの誰でもピカソ」、TBSラジオ「こども電話相談室」への出演、雑誌の連載でも人気を博す。

　著書に『モーツァルトに会いたくて』『青島広志でございます！』『あなたも弾ける！ピアノ曲ガイド』『青島広志の楽器のおはなし』『ヨーロッパの忘れもの』（学習研究社）、『やさしくわかる楽典』（日本実業出版社）、『作曲ノススメ』（音楽之友社）、『音楽名曲絵画館』（ショパン）、『21世紀こどもクラシック』（全5巻・小学館）、『音楽家ってフシギ』（東京書籍）、『オペラ作曲家によるゆかいでヘンなオペラ超入門』『作曲家の発想術』（講談社）、『究極の楽典〜最高の知識を得るために』（全音楽譜出版社）、『音楽家をめざす人へ』（ちくまプリマー新書）などがある。

　東京藝術大学、都留文科大学講師。日本現代音楽協会、作曲家協議会、東京室内歌劇場会員。

　公式サイト　http://aoshima-hiroshi.com/

ブルー・アイランド先生のがくふのほん

2012年3月28日　第1刷発行
2018年6月6日　第4刷発行

著　者	青島広志
装　丁	斎藤肇
本文デザイン	株式会社クリエイティブ・ノア
本文イラスト	青島広志
協　力	株式会社音楽之友社・松島ゆうや
編集・発行者	彩原一乃

発行所	株式会社アマネコ舎
	〒183-0015　東京都府中市清水が丘1-4-50 アマネコビル2F
	電話:042-306-8231　FAX:042-306-8239
	http://amaneko-sha.com
印刷所	太陽印刷工業株式会社
製本所	株式会社難波製本
表紙加工	宏和樹脂工業株式会社

©Hiroshi Aoshima　2012 Printed in Japan

本書の無断複写(コピー)は著作権法上での例外を除き、禁じられています。落丁本・乱丁本はお手数ながら小社あてにお送りください。送料小社負担にてお取り替えいたします。

日本音楽著作権協会(出)許諾　第1203099-503号